ロザリオ
ROSARY

神のいつくしみの神秘

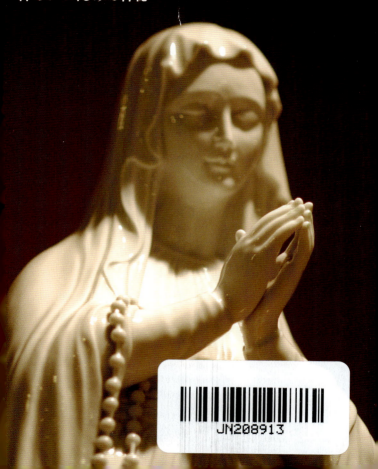

はじめに

ロザリオは、
キリストの生涯(しょうがい)における神秘を黙想(もくそう)し、
聖母マリアへ取り次ぎを願(いの)う祈りです。
黙想しながら祈る
すぐれた信心でありながら、
主の祈り、アヴェ・マリアの祈り、栄唱を
繰(く)り返し唱えるという
やさしい祈りです。

この小冊子は、
はじめてロザリオに触(ふ)れる人に限らず
広く、ロザリオに親しむ人の
祈りと黙想の助けとなるものです。
ページをめくって、ロザリオの珠(たま)を繰(く)り、
聖母マリアとともに
祈りの旅へ出かけましょう。

ロザリオの唱え方

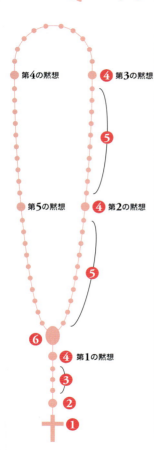

❶ 初めの祈り・使徒信条
❷ 主の祈り
❸ アヴェ・マリアの祈り(3回)
　栄唱

　　　　　　※P.30〜31参照

❹ 神秘・各黙想の提示
　聖書朗読
　沈黙
　主の祈り

❺ アヴェ・マリアの祈り(10回)
　栄唱
　各黙想の結びの祈り

❹
❺ 　第5の黙想まで繰り返す。
　　※❹と❺を一連、
　　❶〜❻を一環と呼ぶ。

❻ 終わりの祈り ※P.32〜参照
　聖マリアの連願
　ファティマの祈り
　サルヴェ・レジナの祈り　など

目次

ロザリオの祈り

🌹 喜びの神秘　月曜・土曜　　　5

🌹 光の神秘　木曜　　　11

🌹 苦しみの神秘　火曜・金曜　　　17

🌹 栄えの神秘　水曜・日曜　　　23

祈り　　　30

ロザリオを深める手引き　　　36

喜びの神秘

月曜・土曜

　ガブリエルの「喜びなさい、マリア」という挨拶は、救い主がお生まれになる喜びへの招きです。

　「喜びの神秘」は、お告げ、エリサベトへの訪問、ご降誕、イエスの神殿奉献、神殿でイエスを見いだすという5つの出来事から発せられる喜びによって、特徴づけられます。わたしたちは、マリアの生涯を黙想することによって、その喜びの源である、キリストを見いだすことができるのです。

第1の黙想

「マリア、神のお告げを受ける」

聖書朗読

天使はマリアに言った。「聖霊があなたに降り、生まれる子は聖なる者、神の子と呼ばれる。」マリアは言った。「わたしは主のはしためです。お言葉どおり、この身に成りますように」（ルカ1・26-38参照）

— 沈黙 —

この一連をささげて、神の呼びかけに信仰をもってこたえることができるよう聖母の取り次ぎによって願いましょう。

— 主の祈り　1回 —
— アヴェ・マリアの祈り　10回 —
— 栄唱　1回 —

結びの祈り

わたしたちのために人間となられたイエスよ、聖母と同じ信仰をもって、あなたをわたしたちの心の中に迎えることができるように、助け導いてください。

✝* 主イエス・キリストに賛美と感謝をささげます。

*✝マークでは、十字架のしるしをしながら祈りを唱えます。

🌿 第2の黙想 🌿

「マリア、エリサベトを訪問する」

聖書朗読
マリアの挨拶を聞いて、エリサベトは言った。「あなたは女の中で祝福された方です。胎内のお子さまも祝福されています。」そこでマリアは言った。「わたしの魂は主をあがめ、わたしの心は神の救いに喜びおどる」

(ルカ1・39-56参照)

― 沈黙 ―

この一連をささげて、救いの訪れをたたえ、喜び合う心を聖母の取り次ぎによって願いましょう。

― 主の祈り　1回 ―
― アヴェ・マリアの祈り　10回 ―
― 栄唱　1回 ―

結びの祈り
わたしたちの喜びであるイエスよ、聖母の愛の心をもって、隣人の中のあなたに奉仕することができるように、助け導いてください。

✝ 主イエス・キリストに賛美と感謝をささげます。

第3の黙想

「マリア、イエスを生む」

聖書朗読

マリアは初めての子を産み、布にくるんで飼い葉桶に寝かせた。宿屋には泊まる場所がなかったからである。天使に天の大軍が加わり、神を賛美して言った。「いと高きところには栄光、神にあれ、地には平和、御心に適う人にあれ」 (ルカ2・1-21参照)

— 沈黙 —

この一連をささげて、神の御子を迎え、礼拝する心を聖母の取り次ぎによって願いましょう。

— 主の祈り　1回 —
— アヴェ・マリアの祈り　10回 —
— 栄唱　1回 —

結びの祈り

わたしたちのためにお生まれになったイエスよ、ベツレヘムで天使たちが善意の人びとに語った平和をわたしたちにもお与えください。

✝ 主イエス・キリストに賛美と感謝をささげます。

🌿 喜びの神秘 🌿

🌿 第4の黙想 🌿
「マリア、イエスをささげる」

聖書朗読
両親は幼子を主に献げるため、エルサレムに連れて行った。シメオンはマリアに言った。「この子は反対を受けるしるしとして定められ、あなたも剣で心を刺し貫かれます。多くの人の心にある思いがあらわにされるためです」

(ルカ2・22-38参照)

― 沈黙 ―

この一連をささげて、毎日の生活を神に奉献することができるよう聖母の取り次ぎによって願いましょう。

― 主の祈り　1回 ―
― アヴェ・マリアの祈り　10回 ―
― 栄唱　1回 ―

結びの祈り
御父にささげられたイエスよ、わたしたちが聖母のように十字架のいけにえに一致しながら、人びとのために生きることができるように、力をお与えください。

✝ 主イエス・キリストに賛美と感謝をささげます。

🌿 第5の黙想 🌿

「マリア、イエスを見いだす」

聖書朗読
少年イエスはエルサレムに残っておられたが、両親はそれに気づかなかった。三日の後、イエスが神殿の境内で学者たちの真ん中に座り、話を聞いたり、質問したりしておられるのを見つけた。(ルカ2・41-52参照)

— 沈黙 —

この一連をささげて、日々の生活のなかで主イエスを探し求める心を聖母の取り次ぎによって願いましょう。

— 主の祈り 1回 —
— アヴェ・マリアの祈り 10回 —
— 栄唱 1回 —

結びの祈り
神殿で見いだされたイエスよ、聖母と同じようにいつも真の知恵を求める力をお与えください。

✝ 主イエス・キリストに賛美と感謝をささげます。

光の神秘

木曜

　世の光であるイエスの公生活における5つの重要な出来事は「光の神秘」と呼ばれ、これらはイエスご自身において実現した神の国を啓示（けいじ）するものです。

　マリアはこの神秘のうち、カナの婚礼（こんれい）以外ではその姿を隠（かく）していますが、カナで果たした役割をイエスの公生活の間ずっと果たし続けていたといえます。「この人の言うとおりにしてください」というマリアのことばは、わたしたちをキリストへ導き入れてくれるものです。

第1の黙想

「イエス、ヨルダン川で洗礼を受ける」

聖書朗読

イエスは、ヨルダン川でヨハネから洗礼を受けられた。"霊"が鳩のように御自分に降って来るのを、御覧になった。すると、「あなたはわたしの愛する子、わたしの心に適う者」という声が、天から聞こえた。(マルコ1・9-11参照)

— 沈黙 —

この一連をささげて、洗礼の恵みを神に感謝し、聖霊に導かれて、神の子として生きることができるよう聖母の取り次ぎによって願いましょう。

— 主の祈り　1回 —
— アヴェ・マリアの祈り　10回 —
— 栄唱　1回 —

結びの祈り

わたしたちのために洗礼を受けられたイエスよ、わたしたちが洗礼の約束のとおり悪霊を捨て、あなたを信じ、あなたに完全にゆだねることを常に自覚し、守れるように、助け導いてください。

✝* 主イエス・キリストに賛美と感謝をささげます。

＊✝マークでは、十字架のしるしをしながら祈りを唱えます。

🌿 第2の黙想 🌿
「イエス、カナの婚礼で最初のしるしを行う」

聖書朗読

母がイエスに、「ぶどう酒がなくなりました」と言った。イエスは水をぶどう酒に変え、最初の奇跡を行われた。それで、弟子たちはイエスを信じた。(ヨハネ2・1-12参照)

— 沈黙 —

この一連をささげて、イエスへの信仰を深めることができるよう聖母の取り次ぎによって願いましょう。

— 主の祈り　1回 —
— アヴェ・マリアの祈り　10回 —
— 栄唱　1回 —

結びの祈り

カナの婚礼に参加されたイエスよ、すべての家族を祝福し、愛の一致のうちに生きることができるように、助け導いてください。

✝ 主イエス・キリストに賛美と感謝をささげます。

第3の黙想

「イエス、神の国の到来を告げ、人々を回心に招く」

聖書朗読

洗礼者ヨハネが捕らえられた後、イエスはガリラヤへ行き、神の福音を宣べ伝えて、「時は満ち、神の国は近づいた。悔い改めて福音を信じなさい」と言われた。(マルコ1・14-15参照)

— 沈黙 —

この一連をささげて、イエスの招きに応え、心から悔い改めて、福音を信じることができるよう聖母の取り次ぎによって願いましょう。

— 主の祈り　1回 —
— アヴェ・マリアの祈り　10回 —
— 栄唱　1回 —

結びの祈り

神の国の到来を宣言されたイエスよ、わたしたちが回心して救いのメッセージを受け入れられるように、助け導いてください。

✝ 主イエス・キリストに賛美と感謝をささげます。

第4の黙想

「イエス、タボル山で栄光の姿を現す」

聖書朗読
祈っておられるうちに、イエスの顔の様子が変わり、服は真っ白に輝いた。すると、「これはわたしの子、選ばれた者。これに聞け」という声が雲の中から聞こえた。

(ルカ9・28-36参照)

— 沈黙 —

この一連をささげて、主の変容を心に刻み、イエスに聞き従うことができるよう聖母の取り次ぎによって願いましょう。

— 主の祈り　1回 —
— アヴェ・マリアの祈り　10回 —
— 栄唱　1回 —

結びの祈り
山の上で変容されたイエスよ、わたしたちがいつもあなたの顔を仰ぎ、あなたの声に聞きしたがって生きていくことができるように、助け導いてください。

✝ 主イエス・キリストに賛美と感謝をささげます。

第5の黙想

「イエス、最後の晩さんで聖体の秘跡を制定する」

聖書朗読
一同が食事をしているとき、イエスはパンを取り、賛美の祈りを唱えて、それを裂き、弟子たちに与えて言われた。「取りなさい。これはわたしの体である。」また、杯を取り、感謝の祈りを唱えて、彼らにお渡しになった。そして、イエスは言われた。「これは、多くの人のために流されるわたしの血、契約の血である」(マルコ14・22-26参照)

— 沈黙 —

この一連をささげて、すべてを与え尽くされたイエスの愛に日々ならうことができるよう聖母の取り次ぎによって願いましょう。

— 主の祈り　1回 —
— アヴェ・マリアの祈り　10回 —
— 栄唱　1回 —

結びの祈り
いのちのパンであるイエスよ、ご聖体の秘跡の中であなたに出会い、救いの実りを豊かにいただくことができるように、助け導いてください。

✝ 主イエス・キリストに賛美と感謝をささげます。

苦しみの神秘　火曜・金曜

　キリストの受難は、聖書の中でも最も重点が置かれている場面の一つです。ゲツセマネでのイエスの苦しみ、誘惑(ゆうわく)との戦いには、あらゆる人間の罪との戦いが象徴(しょうちょう)されています。

　「苦しみの神秘」を黙想(もくそう)することで、わたしたちはイエスの死を改めて体験し、十字架の下にマリアと並んで立つことができます。人間へ示された神の愛の深さを知り、人間を生かすその力に触(ふ)れるのです。

第1の黙想
「イエス、苦しみもだえる」

聖書朗読
イエスはゲツセマネの園で悲しみもだえ始められた。うつ伏せになり、祈って言われた。「父よ、できることなら、この杯をわたしから過ぎ去らせてください。しかし、わたしの願いどおりではなく、御心のままに」(マタイ26・36-46参照)

— 沈黙 —

この一連をささげて、誘惑に陥らないように目覚めて祈る恵みを聖母の取り次ぎによって願いましょう。

— 主の祈り　1回 —
— アヴェ・マリアの祈り　10回 —
— 栄唱　1回 —

結びの祈り
わたしたちのために苦しみを受けられたイエスよ、いつどこでも神である御父のみ旨を受け入れることができるように、助け導いてください。

✝* 主イエス・キリストに賛美と感謝をささげます。

＊✝マークでは、十字架のしるしをしながら祈りを唱えます。

第2の黙想
「イエス、鞭打たれる」

聖書朗読
群衆は「十字架につけろ、十字架につけろ」と激しく叫び立てた。ピラトは群衆を満足させるため、バラバを釈放し、イエスを鞭打った。(マルコ15・6-15参照)

― 沈黙 ―

この一連をささげて、イエスがペトロにあわれみの目を向けられたことを思い、罪から立ち上がる恵みを聖母の取り次ぎによって願いましょう。

― 主の祈り　1回 ―
― アヴェ・マリアの祈り　10回 ―
― 栄唱　1回 ―

結びの祈り
わたしたちのために鞭打たれたイエスよ、聖霊の力をお与えください。わたしたちが兄弟の顔を決して傷つけたり、汚したりしないように、助け導いてください。

✝ 主イエス・キリストに賛美と感謝をささげます。

第3の黙想
「イエス、いばらの冠をかぶせられる」

聖書朗読
兵士たちはイエスを連れて行き、イエスの着ている物をはぎ取り、赤い外套を着せ、茨で冠を編んで頭に載せた。

（マタイ27・27-31参照）

— 沈黙 —

この一連をささげて、誤解や侮辱をおそれずに信仰を生きることができるよう聖母の取り次ぎによって願いましょう。

— 主の祈り　1回 —
— アヴェ・マリアの祈り　10回 —
— 栄唱　1回 —

結びの祈り
わたしたちのために茨の冠をかぶせられたイエスよ、わたしたちがどの苦しみをも、救いのために役立つ愛の業に変えられるように、助け導いてください。

✝ 主イエス・キリストに賛美と感謝をささげます。

第4の黙想
「イエス、十字架を担う」

聖書朗読
イエスは十字架を背負い、「されこうべ」といわれるところに行かれた。民衆と嘆き悲しむ婦人たちが大きな群れを成して、イエスに従った。（ヨハネ19・17、ルカ23・27参照）

— 沈黙 —

この一連をささげて、わたしたちも日々、自分の十字架を担って主に従っていくことができるよう聖母の取り次ぎによって願いましょう。

— 主の祈り　1回 —
— アヴェ・マリアの祈り　10回 —
— 栄唱　1回 —

結びの祈り
わたしたちのために十字架を担われたイエスよ、わたしたちが毎日、十字架を快く受け入れ、苦しむ兄弟を助ける勇気を持つことができるように、助け導いてください。

✝ 主イエス・キリストに賛美と感謝をささげます。

🌿 第5の黙想 🌿

「イエス、息をひきとる」

聖書朗読

イエスは母と愛する弟子を見て、母に「婦人よ、御覧なさい。あなたの子です」と言われ、弟子に「見なさい。あなたの母です」と言われた。そのときから、この弟子はイエスの母を自分の家に引き取った。イエスは「成し遂げられた」と言い、頭を垂れて息を引き取られた。

(ヨハネ19・17-30参照)

― 沈黙 ―

この一連をささげて、救いの恵みがすべての人に与えられるよう聖母の取り次ぎによって願いましょう。

― 主の祈り　1回 ―
― アヴェ・マリアの祈り　10回 ―
― 栄唱　1回 ―

結びの祈り

十字架上でわたしたちのためになくなられたイエスよ、わたしたちが罪のゆるしを受け、霊による新しい生活の中で聖母を受け入れるように、助け導いてください。

✝ 主イエス・キリストに賛美と感謝をささげます。

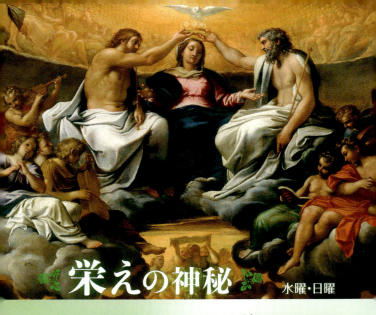

栄えの神秘

水曜・日曜

　ロザリオは、わたしたちが受難の闇を通り抜けて、復活と昇天におけるキリストの栄光に心を向けるよう導きます。

　イエスの復活と昇天、聖霊降臨、そして聖母の被昇天と戴冠からなる「栄えの神秘」を黙想することによって、わたしたちは神の民の一員として歴史の中を歩みながら、終わりの日の完成に向かって、いっそう大きな希望を抱くことができるようになるのです。

🌿 第1の黙想 🌿
「イエス、復活する」

聖書朗読
天使は婦人たちに言った。「恐れることはない。十字架につけられたイエスを捜しているのだろうが、あの方は、ここにはおられない。かねて言われていたとおり、復活なさったのだ。」婦人たちは、急いで墓を立ち去り、弟子たちに知らせるために走って行った。（マタイ28・1-10参照）

— 沈黙 —

この一連をささげて、わたしたちが主とともに死んで、その復活にもあずかることができるよう聖母の取り次ぎによって願いましょう。

— 主の祈り　1回 —
— アヴェ・マリアの祈り　10回 —
— 栄唱　1回 —

結びの祈り
わたしたちのために復活されたイエスよ、御父への賛美として、霊による新しい命を生きることができるように、助け導いてください。

✝* 主イエス・キリストに賛美と感謝をささげます。

＊✝マークでは、十字架のしるしをしながら祈りを唱えます。

栄えの神秘

🌿 第2の黙想（もくそう）🌿

「イエス、天に上げられる」

聖書朗読

イエスは11人の弟子をベタニアに連れていき、彼らを祝福しながら、天に上げられた。弟子たちはイエスを伏し拝んだ後、大喜びでエルサレムに帰った。（ルカ24・50-53参照）

— 沈黙 —

この一連をささげて、わたしたちが主の復活の証人として生きることができるよう聖母の取り次ぎによって願いましょう。

— 主の祈り　1回 —
— アヴェ・マリアの祈り　10回 —
— 栄唱　1回 —

結びの祈り

天に上げられたイエスよ、わたしたちが永遠の命への揺るぎない希望をもてるように、助け導いてください。

✝ 主イエス・キリストに賛美と感謝をささげます。

🌿 第3の黙想 🌿
「聖霊、使徒たちにくだる」

聖書朗読
五旬祭の日が来て、一同が一つになって集まっていると、突然、激しい風が吹いて来るような音が天から聞こえた。炎のような舌が分かれ分かれに現れ、一人一人の上にとどまった。すると、一同は聖霊に満たされた。

(使徒言行録2・1-13参照)

― 沈黙 ―

この一連をささげて、わたしたちが聖霊に満たされ、いつも勇気をもって救いの福音を宣べ伝える者となるよう聖母の取り次ぎによって願いましょう。

― 主の祈り　1回 ―
― アヴェ・マリアの祈り　10回 ―
― 栄唱　1回 ―

結びの祈り
教会の上に聖霊を注がれるイエスよ、わたしたちがいつも聖霊の促しに恐れることなく応え、すべての人にあなたの救いの福音を宣言することができるように、助け導いてください。

✝ 主イエス・キリストに賛美と感謝をささげます。

栄えの神秘

🌿 第4の黙想(もくそう) 🌿

「マリア、天の栄光に上げられる」

聖書朗読

天に大きなしるしが現れた。一人の女が身に太陽をまとい、月を足の下にし、頭には十二の星の冠(かんむり)をかぶっていた。

(黙示録12·1-18参照)

― 沈黙 ―

この一連をささげて、わたしたちも天の国を求め、永遠の喜びに入ることができるよう聖母の取り次ぎによって願いましょう。

― 主の祈り　1回 ―
― アヴェ・マリアの祈り　10回 ―
― 栄唱　1回 ―

結びの祈り

聖母を天に迎え入れられたイエスよ、マリアの中にわたしたちの希望と慰(なぐさ)めの確かなしるしを見ることができるように、助け導いてください。

✝ 主イエス・キリストに賛美と感謝をささげます。

第5の黙想

「マリア、すべての人の母となる」

聖書朗読
死ぬまで忠実であれ。そうすれば、あなたに命の冠を授けよう。神の僕たちは神を礼拝し、御顔を仰ぎ見る。彼らの額には、神の名が記されている。もはや、夜はなく、ともし火の光も太陽の光も要らない。神である主が僕たちを照らし、彼らは世々限りなく統治するからである。

(黙示録2・8-11、22・1-5参照)

— 沈黙 —

この一連をささげて、救いを求めるすべての人が御子イエスのもとに導かれるよう聖母の取り次ぎによって願いましょう。

— 主の祈り 1回 —
— アヴェ・マリアの祈り 10回 —
— 栄唱 1回 —

結びの祈り
聖母に栄光の冠を授けられたイエスよ、わたしたちが忍耐強くマリアの信仰の旅の跡にしたがって、命の冠をいただくことができるように、助け導いてください。

✝ 主イエス・キリストに賛美と感謝をささげます。

「ロザリオの聖母」

バルトロメ・エステバン・ムリーリョ

祈り

初めの祈り
神よ、わたしを力づけ、
急いで助けに来てください。
栄光は父と子と聖霊に。
初めのように今もいつも世々に。アーメン。

使徒信条（信仰宣言）*
天地の創造主、
全能の父である神を信じます。
父のひとり子、わたしたちの主イエス・キリストを信じます。
主は聖霊によってやどり、おとめマリアから生まれ、
ポンティオ・ピラトのもとで苦しみを受け、
十字架につけられて死に、葬られ、陰府に下り、
三日目に死者のうちから復活し、天に昇って、
全能の父である神の右の座に着き、
生者と死者を裁くために来られます。
聖霊を信じ、聖なる普遍の教会、聖徒の交わり、
罪のゆるし、からだの復活、永遠のいのちを信じます。
アーメン。

主の祈り

天におられるわたしたちの父よ、
み名が聖とされますように。
み国が来ますように。
みこころが天に行われるとおり地にも行われますように。
わたしたちの日ごとの糧(かて)を今日もお与(あた)えください。
わたしたちの罪をおゆるしください。
わたしたちも人をゆるします。
わたしたちを誘惑(ゆうわく)におちいらせず、悪からお救いください。
アーメン。

アヴェ・マリアの祈り

アヴェ、マリア、恵みに満ちた方、
主はあなたとともにおられます。
あなたは女のうちで祝福され、
ご胎内(たいない)の御子(おんこ)イエスも祝福されています。
神の母聖マリア、わたしたち罪びとのために、
今も、死を迎(むか)える時も、お祈りください。アーメン。

栄唱 (三位一体の賛美)

栄光は父と子と聖霊に。
初めのように今もいつも世々に。アーメン。

聖マリアの連願*

先唱 主よ、あわれんでください。
会衆 主よ、あわれんでください。
先唱 キリスト、あわれんでください。
会衆 キリスト、あわれんでください。
先唱 主よ、あわれんでください。
会衆 主よ、あわれんでください。

先唱　　　　　　　会衆
神の母聖マリア、　わたしたちのために祈ってください。
救い主の母聖マリア、　〃
無原罪の聖マリア、　〃
世の救いの協力者聖マリア、　〃
天の栄光に上げられた聖マリア、　〃
あわれみの母聖マリア、　〃
恵みあふれる聖マリア、　〃
希望の母聖マリア、　〃
人類の母聖マリア、　〃
教会の母聖マリア、　〃
使徒たちの母聖マリア、　〃
殉教者(じゅんきょうしゃ)の母聖マリア、　〃
諸聖人の母聖マリア、　〃

宣教者の母聖マリア、　　　〃

平和の守護者聖マリア、　　〃

尊いロザリオの聖マリア、　〃

日本の信徒発見の聖マリア、〃

尊敬すべきおとめ、　　　　〃

忠実なおとめ、　　　　　　〃

柔和(にゅうわ)、謙遜(けんそん)なおとめ、　　〃

幼子をいつくしむおとめ、　〃

明けの明星(みょうじょう)、　　　　　　〃

喜びの泉、　　　　　　　　〃

純潔のかがみ、　　　　　　〃

仕える者の模範(もはん)、　　　　〃

家庭生活の喜び、　　　　　〃

召命(しょうめい)の保護者、　　　　　〃

キリスト信者の助け、　　　〃

悩(なや)み苦しむ者の慰(なぐさ)め、　　〃

病人の希望、　　　　　　　〃

やみの中の道しるべ、　　　〃

罪びとのよりどころ、　　　〃

移住者のよりどころ、　　　〃

弱く貧しい者の友、　　　　〃

（→次ページへ続く）

33

(→前ページより)

心の支え、　　　　　　　　　〃
臨終の時ともにいてくださるかた、〃

先唱 世の罪を除かれる神の小羊、
会衆 わたしたちをゆるしてください。
先唱 世の罪を除かれる神の小羊、
会衆 わたしたちの祈りを聞き入れてください。
先唱 世の罪を除かれる神の小羊、
会衆 わたしたちをあわれんでください。

先唱 いつくしみ深い神よ、
　　　わたしたちにいつも信仰に生きる力をお与えください。
　　　聖母マリアの取り次ぎによって、
　　　今の悲しみから解放され、
　　　永遠の喜びを味わうことができますように。
　　　わたしたちの主イエス・キリストによって。
会衆 アーメン。

ファティマの祈り

主イエス・キリスト、わたしたちの罪をゆるしてください。
わたしたちを滅びから救い、すべての人々、
ことにおんあわれみをもっとも必要としている人々を
天国に導いてください。アーメン。

サルヴェ・レジナ（元后あわれみの母）の祈り*

元后、あわれみの母、
われらのいのち、喜び、希望。
旅路からあなたに叫ぶエバの子、
なげきながら、泣きながらも、
涙の谷にあなたを慕う。
われらのためにとりなすかた、
あわれみの目をわれらに注ぎ、
尊いあなたの子イエスを
旅路の果てに示してください。
おお、いつくしみ、恵みあふれる、喜びのおとめマリア。

ロザリオを深める手引き

初めの祈りと使徒信条を唱える　p.30

　十字を切りながら「**神よ、わたしを力づけ、急いで助けに来てください**」(詩編70) と唱えて始めます。または、祈りの旅の出発点として、**使徒信条 (信仰宣言)** を唱えます。謙遜に自分の貧しさを認め、糧を与えてくださるように祈り求めましょう。

神秘・各黙想を提示する

　神秘と各黙想の内容を告げることで、わたしたちの想像力と心を、キリストの生涯の聖なる場面へと向かわせます。イコン (聖画像) は、その黙想の助けとなります。

神のみことばを聞く (聖書朗読)

　黙想をより深める助けとして、神秘に関連する聖書箇所を朗読します。神が今日、「わたしたちのために」語られるみことばに、注意深く耳を傾けましょう。

沈黙する

　しばしの間沈黙して、神のみことばを黙想し、神秘に心を集中させましょう。

「主の祈り」を唱える　p.31

　どの神秘においても、イエスはいつもわたしたちを御父へと導き、わたしたち皆をご自分の兄弟姉妹としてくださいます。主の祈りを唱えることによって、すべての兄弟姉妹と結ばれながらロザリオを祈ることができるのです。

「アヴェ・マリアの祈り」を唱える　p.31

　この祈りは、神がマリアにおいて実現されたすばらしい恵みを賛美する祈りです。マリアに向けられた祈りでありながら、この祈りの中心は、イエスのみ名です。繰り返し唱えることで、イエスのみ名は聖母のみ名としっかり結びつき、わたしたちはキリストの生涯へとより深く導かれます。

「栄唱」を唱える　p.31

　三位一体の神への栄唱は、あらゆる祈りの頂点です。各黙想の結びにふさわしい雰囲気をもつ祈りとなるようにしましょう。続けて、**ファティマの祈り** p.35 を唱えることもできます。

各黙想の結びの祈りを唱える

このロザリオの祈りがいっそう豊かなものとなるように、各黙想の結びに恵みを祈りましょう。

終わりの祈りを唱える

ロザリオの祈りを終えたら、マリアの愛に深く感謝し、**サルヴェ・レジナの祈り** p.35 、または**聖マリアの連願** p.32 を唱え、心から聖母を賛美します。また、教会の必要としていることに広く目を向けられるよう、教皇の意向のために祈りましょう。

バラの花冠

　小石や木の実などを繰りながら短い言葉を反復する祈りの起源は古く、時代と共にその形を変えてきました。13世紀半ばから、日に50回アヴェ・マリアの祈りを唱える形式が広まり、この信心業をrosariumと呼ぶようになりました。これが「ロザリオ」の語源であり、「バラの花冠」を意味します。アヴェ・マリアの祈り1回を一輪のバラと捉え、アヴェ・マリアの祈りを一環唱えることで、聖母にバラの花冠を捧げることになるというものです。

　マリア崇敬の高まった12〜13世紀、マリア像をバラの花冠で飾る習慣がありました。これに親しんでいた一人のシトー会員が、幻の中で出会った聖母から「アヴェ・マリアの祈りによる霊的なバラの花冠で迎えられることがより大きな喜びである」と告げられたという伝説があります。

　そののち、1858年にフランス・ルルドで、1917年にポルトガル・ファティマで聖母のご出現があったことから、ロザリオの信心が広く盛んになりました。「ロザリオの教皇」とも呼ばれるレオ13世は10月を「ロザリオの月」と定め、聖ヨハネ・パウロ2世教皇も世界平和と家庭のための祈りとして大切にしたことから、ロザリオは現代も人びとに親しまれている信心業の一つとなっています。

写真(見返し、扉)/石田美菜子

絵/
p 5 ジャン=バティスト・マリー・ピエール「キリストの降誕」
p11 バルトロメ・エステバン・ムリーリョ「カナの婚礼」
p17 ジョヴァンニ・バッティスタ・ティエポロ「十字架の道行」
p23 アンニーバレ・カラッチ「聖母の戴冠」

出典*『日々の祈り 改訂版第二版』(カトリック中央協議会)

参考文献/
教皇ヨハネ・パウロ二世 使徒的書簡『おとめマリアのロザリオ』(カトリック中央協議会)
『新カトリック大事典』(研究社)

ロザリオ 神のいつくしみの神秘

2017年10月7日　初版第1刷発行
2021年 1月15日　第2版第1刷発行

編　者	ドン・ボスコ社 編集部
発行者	関谷 義樹
発行所	ドン・ボスコ社
	〒160-0004　東京都新宿区四谷1-9-7
	Tel.03-3351-7041　Fax.03-3351-5430
印刷所	株式会社平文社

ISBN978-4-88626-578-4 C0016

(乱丁・落丁はお取替えいたします)